Guida turistica di Roma

La guida turistica perfetta per un soggiorno indimenticabile a Roma

inclusi i suggerimenti degli addetti ai lavori e i consigli per risparmiare denaro

Roman Hünsche

CONTENUTI

Cosa può aspettarsi da questo libro

Roma. Cosa associa a questa città - pensa che Roma sia la Città Eterna? La città che sente essere sempre stata lì? La città che l'ha affascinata e accompagnata durante le lezioni di latino?

Roma è per lei la città dove gli antichi romani passeggiavano nel Foro Romano e i gladiatori combattevano feroci battaglie nel Colosseo? Le piacerebbe conoscere la città dove hanno regnato i grandi imperatori come Cesare o Augusto e sogna di camminare un giorno sulle orme di Romolo e Remo, i padri fondatori di Roma?

Oppure pensa: Roma? - La Città Santa dove risiede il Papa e che da molto tempo attrae ed entusiasma regolarmente i pellegrini, tanto che si ha sempre la sensazione di perdere qualcosa di 'divino' e 'curativo' se non ci si è mai stati?

Thomas Mann una volta disse: 'Vedi Venezia e muori'. Ma siamo onesti, non avrebbe dovuto dire 'Vedi Roma e muori'? Perché c'è qualcosa in questa città che non si dimentica una volta che ci si è stati.

O forse è appassionato di architettura e desidera esplorare da vicino la Basilica di San Pietro, Castel Sant'Angelo o il Pantheon - o è un amante dell'arte e desidera ammirare le opere originali di Raffaello, Michelangelo o Caravaggio? Tutto questo è possibile nella grande, antica e maestosa capitale italiana, che si affaccia sul bellissimo Tevere.

Ma anche se desidera conoscere Roma dal suo lato più vivace, moderno e giovane, avrà la garanzia di ottenere il massimo e di pianificare il suo prossimo soggiorno in questa versatile metropoli prima ancora di partire, di solito troppo presto.

Immagina come sarebbe passeggiare per le tipiche stradine di una città italiana sotto il sole splendente e dimenticare completamente di essere in una grande città?

Ma le piacerebbe anche godersi le vivaci vie dello shopping di Roma e magari spendere una piccola fortuna nella famosa 'Chic & Shock Street', Via Condotti? La città è forse per lei l'epitome di una metropoli della moda alla moda, alla quale associa un abbigliamento elegante e di alta qualità 'Made in Italy'? Allora non deve assolutamente perdersi Roma!

Se il suo desiderio di viaggiare si è risvegliato, in questo libro potrà leggere molte informazioni interessanti sulla storia di Roma, ma naturalmente troverà anche numerosi consigli su come rendere il suo viaggio nella Città Eterna vario, rilassante e il più economico possibile.

Potrà anche aspettarsi dei veri e propri suggerimenti da insider e consigli utili su argomenti come il viaggio, l'alloggio, il mangiare e il bere, nonché la corretta 'netiquette' italiana. E naturalmente non mancheranno i 'maniaci dello shopping' tra di voi!

Le auguro che la lettura di questo libro sia piacevole e che Roma possa presto accoglierla per una vacanza indimenticabile.

Allora, andiamo! Cominciamo!

La nascita di Roma

ROMA ANTICA

Come probabilmente già saprà, Roma è una città molto antica. Tuttavia, non è sempre stata una grande metropoli.

La Roma antica o primitiva si sviluppò tra il 1000 e l'800 a.C. a partire dai primi piccoli villaggi individuali che si trovavano sui colli intorno a quello che oggi è il centro della città. Questi sette colli di Roma, famosi in tutto il mondo, portano i nomi di Aventino, Celio, Esquilino, Campidoglio, Palatino, Quirinale e Viminale e costituivano un'area paludosa ad est del Tevere, poco appariscente e poco attraente, che tuttavia aveva un vantaggio decisivo: si trovava su importanti vie commerciali. Fu anche questo aspetto a trasformare l'agglomerato di piccoli villaggi in una città fortificata entro la metà dell'VIII secolo a.C., sebbene gestibile, e nel centro strategico del successivo Impero Romano (latino 'Imperium Romanum').

Questo periodo di dominazione etrusca vide anche due importanti progetti di costruzione per la città: In primo luogo, fu costruito un sofisticato sistema di canalizzazione, la 'Cloaca Maxima', che rese utilizzabile l'area paludosa su cui sorgeva la prima Roma. Allo stesso tempo, fu creata una sorta di piazza centrale nella città, che un giorno sarebbe diventata il Foro Romano che conosciamo oggi.

Il Foro Romano, che possiamo tradurre come il mercato romano, era il centro di tutta la vita religiosa, culturale, politica ed economica dell'antica Roma e oggi è uno dei siti archeologici più importanti di questo periodo.

Parallelamente a questa storia storica dello sviluppo di Roma, esiste anche un mito di fondazione che afferma che Roma fu fondata da Romolo il 21 aprile 753 a.C.. Senza dubbio conoscerà il noto mnemonico: 'Sette-cinque-tre: Roma uscì dall'uovo'.

Secondo la leggenda, i fratelli gemelli Romolo e Remo erano figli del dio della guerra Marte e della sacerdotessa Rea Silvia. Poiché la madre non era in grado di allevarli come sacerdotessa e non le era comunque permesso di farlo, i due bambini furono abbandonati in una cesta di vimini sul Tevere e alla fine furono trovati e accolti da una lupa sulle sue rive.

Probabilmente conosce la raffigurazione di una lupa che allatta due bambini. In seguito, i due fratelli si scontrarono da adulti in una disputa sulle mura della città di Roma e Romolo uccise Remo nel corso di questa disputa.

Esplori l'antica Roma

Se vuole trovare tracce della Roma antica nel presente, può ovviamente iniziare ammirando da vicino molti degli edifici antichi (veda il Capitolo 4).

Ma può anche cercare i segni nascosti di questo tempo antico.

La lupa che allatta Romolo e Remo è esposta nei Musei Capitolini come statua di bronzo a grandezza naturale. È un simbolo molto importante e popolare di Roma, in quanto rappresenta l'eternità (della città/impero) e l'immortalità. Viene anche spesso raffigurata su monete, medaglie e mosaici. Tuttavia, appare anche una seconda volta in città, in piedi su una colonna.

<u>Compito 1</u>: trovi il pilastro con la 'Lupa Romana' a Roma e indovini su quale dei sette colli di Roma si trova ora!

Se esplora la città a piedi, vedrà spesso l'abbreviazione 'S. P. Q. R.' su molti oggetti di uso quotidiano, come tombini o bidoni della spazzatura, oltre che su numerose strutture pubbliche e negozi di souvenir e altri luoghi di Roma. P. Q. R.' su molti oggetti di uso quotidiano, come tombini o cestini della spazzatura, oltre che su numerose strutture pubbliche, negozi di souvenir e altri luoghi di Roma.

Anche questa abbreviazione ha origine nell'antica Roma, in quanto era l'emblema nazionale dell'epoca e le legioni dell'Impero Romano la portavano sui loro stendardi. Scritta, l'abbreviazione significa: latino 'Senatus Populusque Romanus', che può essere tradotto come 'Senato e Popolo di Roma'.

L'ASCESA E LA CADUTA DI ROMA

Ma cosa accadde a Roma in seguito? Dopo il periodo della fondazione, Roma fu inizialmente un regno governato da re etruschi. Sicuramente riconoscerà il primo grande successore Romolo dai libri di storia con il nome di Numa Pompilio. Questo regno durò fino a circa il 500 a.C. e terminò con l'espulsione dell'ultimo re etrusco, Tarquinio Superbo.

Roma divenne quindi una repubblica, caratterizzata da lotte tra i plebei, liberi ma privi di diritti, e i patrizi aristocratici. Allo stesso tempo, Roma continuò ad espandersi, tanto che vennero annesse anche le zone limitrofe.

Per inciso, oggi ci sono altri tre colli noti nella città di Roma, ovvero il Vaticano, il Gianicolo e il Pincio.

Tuttavia, a partire dal 390 a.C. la città fu quasi costantemente minacciata dagli attacchi di altri popoli, ed è per questo che alla fine fu costruito il 'muro serviano', una cinta muraria alta e forte.

Altre strutture importanti risalenti all'epoca intorno al 312 a.C. sono l'Acquedotto, che era una sorta di conduttura idrica in superficie, e la Via Appia, che potrebbe essere intesa come un'importante via commerciale e di lunga percorrenza e che oggi è il museo più lungo del mondo, dal momento che lungo questa strada si trovano molti edifici storici e tombe.

Roma ha poi vissuto un'ulteriore espansione, in particolare dal 264 al 146 a.C., quando ha combattuto con successo contro i Cartaginesi del Nord Africa. Queste guerre sono note come 'guerre puniche'. Purtroppo, questo fu seguito da un periodo di guerra civile e di disordini, dopo che i tribuni popolari e fratelli Tiberio e Gaio Sempronio Gracco furono assassinati e anche il dittatore Gaio Iulio Cesare fu ucciso nel 44 a.C..

Prima di questo, tuttavia, Cesare aveva cercato di portare avanti diverse riforme. In particolare, aveva avuto successo con il famoso 'triumvirato' (= alleanza di tre uomini) con Marco Licinio Crasso e Gneo Pompeo Magno.

Nel frattempo, Roma aveva raggiunto una dimensione che richiedeva un'ulteriore espansione dell'area e rendeva il Foro Romano troppo piccolo, così Cesare iniziò a costruire il 'Forum Iulium', il più antico dei quattro fori imperiali di Roma. Questo foro fu infine completato dal successore di Cesare, Augusto, nel I secolo a.C..

In questo periodo, iniziò il periodo imperiale di Roma e la città era già diventata una metropoli di milioni di persone. Inoltre, Roma era ora anche il centro dell'Impero Romano in termini geografici e politici. Fu soprattutto l'imperatore Augusto a promuovere l'espansione di Roma e a far sì che la città disponesse di molti servizi avanzati, come un sistema fognario funzionante.

Queste conquiste subirono una breve battuta d'arresto a causa dell'incendio di Roma nel 64 a.C. sotto l'imperatore Nerone, ma subito dopo iniziò il regno della 'dinastia Flavia', dal 69 al 96 d.C., che fu caratterizzato da ampie misure edilizie finanziate dagli imperatori.

Durante una visita a Roma potrà riconoscere il Colosseo e, naturalmente, i Fori Imperiali di questo periodo e anche le grandi terme erano tipiche di quest'epoca, considerate il punto più alto dell'Impero Romano.

A quel tempo, nacque una vera e propria competizione e molti imperatori furono spinti dall'idea di dover superare i loro rispettivi predecessori e dimostrare il loro potere attraverso edifici sempre più grandi. Di conseguenza, Roma continuò a crescere, tanto che nel III secolo fu necessario costruire una nuova cinta muraria, le 'Mura Aureliane', poiché la città aveva da tempo superato i limiti delle Mura Serviane. La popolazione stimata all'epoca era di 1,2 milioni di persone.

Tuttavia, con la stessa rapidità con cui Roma era salita, presto perse di nuovo questa supremazia esposta. Molti imperatori preferirono residenze in altre città e Costantinopoli, in particolare, divenne sempre più competitiva nel IV secolo.

Nel V secolo, scoppiarono nuovamente le guerre civili e Roma fu saccheggiata più volte, una volta nel 410 da mercenari gotici e soprattutto nel 455 d.C. dai Vandali. Sapeva che questa è una delle origini del detto 'Vivi come i Vandali'?

Questo decimò nuovamente la popolazione di Roma. Un ulteriore rapido declino si verificò a partire dal 429 d.C., tuttavia, a causa del fatto che Roma aveva sempre meno controllo sul Nord Africa e le importanti forniture di grano da lì per i cittadini romani non si concretizzarono.

Questo segnò la fine definitiva dell'Impero Romano d'Occidente nel 476 d.C., ma la vita antica continuò inizialmente sotto il dominio degli Ostrogoti, anche se la popolazione continuò a diminuire e nel 530 erano rimaste solo 100.000 persone a Roma.

Solo le successive guerre gotiche e i tentativi di riconquista da parte dell'imperatore Giustiniano portarono alla dissoluzione della classe senatoriale e alla distruzione dei rifornimenti e della vita urbana a partire dal 537 d.C..

Le battaglie d'assedio che seguirono ridussero ulteriormente la popolazione a poche decine di migliaia di persone e nel 550 d.C. si svolsero le ultime corse di carri nel 'Circo Massimo'.

Anche il Foro Romano perse definitivamente la sua importanza per la città di Roma e gli antichi monumenti furono lasciati al degrado. Roma fu così ridotta allo status di città di provincia e solo il papato mantenne un residuo di importanza per la città.

<u>Esplori l'impero emergente di Roma</u>
Se ora si sta chiedendo dove può trovare tracce del movimentato ed emozionante periodo d'oro di Roma, ci sono molte opzioni in città, due delle quali, qui, sono suggerimenti un po' insoliti.

<u>Suggerimento 1</u>: faccia un tour in bicicletta sulla 'Via Appia antica' e scopra l'epoca dei grandi imperatori in un tour rilassato, lontano dal turismo di massa e dalle strade affollate. Le domeniche sono le migliori per questo, in quanto la Via Appia è chiusa alle auto! Ulteriori informazioni sono disponibili su: www.romaculta.com

<u>Suggerimento 2</u>: Si rechi al 'Largo di Torre Argentina'. Al centro di questa piazza si trova l'"Area Sacra', un sito di scavo del quartiere sacro. Lì può vedere i resti di diversi templi antichi. L'intero sito si trova leggermente al di sotto dell'attuale livello stradale e ospita il Cat Forum per i gatti randagi, quindi c'è molto da offrire agli amanti degli animali e ai visitatori interessati alla storia. Potrà anche scoprire quanto i gatti siano sempre stati importanti per i Romani. Ulteriori informazioni sono disponibili su: www.romancats.com

ROMA CRISTIANA

Lei sa già molto sull'ascesa e la caduta dell'antica Roma, così come sui tempi del regno, della repubblica e dell'impero. Ma come ha fatto la città a risorgere e a diventare come la conosciamo oggi?

Dopo la caduta di Roma come impero glorioso, riacquistò importanza solo a partire dall'800 d.C., diventando inizialmente la capitale dello Stato Pontificio (in latino 'Patrimonium Petri') e quindi il luogo di pellegrinaggio più importante per i cristiani insieme a Santiago de Compostela e Gerusalemme.

Carlo Magno (latino 'Carolus Magnus') fu anche incoronato imperatore del Sacro Romano Impero da Papa Leone III. Nel periodo tra l'VIII e l'XI secolo, Roma subì molti saccheggi, assedi e attacchi. Nell'800, la città contava poco meno di 20.000 abitanti. Interi quartieri divennero deserti e il paesaggio urbano era ora caratterizzato da quartieri densamente popolati ('abitato') e disabitati ('disabitato'). I piccoli insediamenti si formarono soprattutto vicino alle grandi chiese di Roma.

Questo ci porta alla Roma cristiana. E anche la Roma cristiana ha le sue origini in una leggenda.

Secondo la tradizione, l'apostolo Pietro predicò in quella che allora era Roma, il centro del mondo. Quando volle lasciare la città per paura della persecuzione dei cristiani, incontrò Gesù sulla Via Appia e Pietro gli chiese: "Signore, dove vai?" (latino: "Domine, quo vadis?"). E Gesù gli rispose: "Sto per essere crocifisso una seconda volta". (latino: 'Venio iterum crucifigi'). Così la chiesa Domine quo vadis fu costruita sul luogo del loro incontro sulla Via Appia.

San Pietro tornò anche a Roma, dove divenne il primo vescovo della comunità cristiana, finché non morì martire nel 63 d.C.. Poco dopo, si sviluppò un vero e proprio culto intorno alla sua tomba e quando Costantino il Grande riconobbe finalmente il Cristianesimo nell'Editto di Milano del 313, commissionò la costruzione della prima Chiesa di San Pietro proprio sopra questa tomba, il cui altare maggiore si trova ancora oggi proprio sopra la tomba di Pietro.

Quando visita Roma, non deve assolutamente perdere la Basilica di San Pietro, perché qui potrà ammirare una delle chiese più grandi e più belle del mondo. Allo stesso tempo, nella Basilica di San

Pietro troverà anche molte opere d'arte di artisti famosi come Michelangelo, Raffaello e Bernini.

Un'altra chiesa molto importante di Roma è la Basilica Lateranense ('San Giovanni in Laterano'), in quanto è considerata la madre e la testa (in latino 'mater et caput') di tutte le chiese di Roma e del mondo intero.

Ci sono un totale di sette di queste basiliche papali a Roma. Queste includono San Giovanni in Laterano (= Basilica Lateranense), San Pietro in Vaticano (= Basilica di San Pietro) e San Paolo fuori le mura,

Santa Maria Maggiore (= la più grande chiesa mariana della città), San Lorenzo fuori le mura (= San Lorenzo fuori le mura), Santa Croce Gerusalemme (= Chiesa dei Pellegrini) e San Sebastiano fuori le mura (= Chiesa dei Pellegrini).

In effetti, ci sono innumerevoli chiese a Roma, quindi è impossibile elencarle tutte. Tuttavia, una delle chiese più antiche di Roma non può essere tralasciata: la Basilica di Santa Maria di Trastevere, che risale al periodo paleocristiano del XII secolo. Se ha del tempo libero durante il suo soggiorno a Roma, si assicuri di utilizzarlo per visitare questa chiesa!

Pietro è quindi considerato il primo vescovo di Roma. Tuttavia, la prima denominazione di Papa (in latino 'papa'), che originariamente significava 'padre', risale al Vescovo Siricio di Roma (385-399 d.C.). Fu Papa Gregorio I (in carica dal 590 al 604) che finalmente mise per legge questo titolo ufficiale per il Vescovo di Roma.

Il paesaggio urbano di Roma, caratterizzato dalle numerose chiese costruite all'epoca, si è conservato fino ad oggi e molti pellegrini si recano a Roma ogni anno per vivere questa atmosfera. Soprattutto a Pasqua e a Natale, quando il Papa impartisce la benedizione 'Urbi et Orbi', innumerevoli visitatori giungono a Roma.

Esplorare la Roma cristiana

Anche la Roma cristiana può essere esplorata in molti modi diversi. Ecco due piccole idee che potrà sperimentare.

Compito 1: Trovi il luogo nella Basilica di San Pietro dove fu incoronato l'imperatore Carlo!

Compito 2: assista ad una funzione religiosa a Roma! Le funzioni religiose tedesche si tengono, ad esempio, nella Chiesa di Santa Maria della Pietà, sul Campo Santo Teutonico. Le funzioni sono solitamente alle 7.00 e alle 9.00, i gruppi devono registrarsi in anticipo: www.camposanto.va

ROMA OGGI

La Roma di oggi è molto varia. Rimarrà stupito da come gli edifici antichi, i luoghi di culto cristiani e gli edifici moderni si fondono senza sforzo per formare un paesaggio urbano armonioso. Ma la cosa più importante è che Roma rappresenta soprattutto una cosa: La città vive e respira la storia!

Concludiamo quindi la parte storica di questo libro con il modo in cui Roma è diventata la città che troverete quando la visiterete.

Ora che Roma è diventata uno Stato Pontificio, probabilmente si starà chiedendo come abbia potuto diventare la capitale d'Italia. La risposta la stupirà, perché si potrebbe quasi dire che parti della storia già accadute si stanno ripetendo!

Nel 1849, Roma fu occupata dalle truppe francesi, ma queste furono ritirate nel 1870 quando la Francia dichiarò guerra alla Prussia. Di conseguenza, l'esercito italiano colse l'opportunità di entrare a Roma senza quasi opporre resistenza e privare il Papa del suo potere.

Così, il 26 gennaio 1871, Roma fu nominata capitale dello Stato nazionale italiano che emerse come regno. Questo periodo tra il 1815 e il 1870 è conosciuto in italiano anche come 'Risorgimento' (= 'resurrezione'). Questo periodo nella città è meglio simboleggiato dal monumento nazionale 'Monumento Nazionale a Vittorio Emmanuele II', inaugurato nel 1911 e costruito per l'omonimo re.

Vale anche la pena notare che la popolazione di Roma ricominciò a crescere rapidamente in questo periodo, in quanto molti abitanti delle regioni rurali furono richiamati in città, cosicché per la prima volta dall'antichità i confini della città di Roma si estesero nuovamente oltre le Mura Aureliane.

Tuttavia, molti cattolici rimasero a lungo ostili a questo nuovo sviluppo e fu solo dopo la Prima Guerra Mondiale che Benito Mussolini, che aveva portato l'Italia sotto il dominio fascista dal 1922, riuscì a riconciliare Stato e Chiesa nel 1929 con i Trattati Lateranensi. Di conseguenza, fu creato lo Stato indipendente della Città del Vaticano (in breve Vaticano).

Allo stesso tempo, molti edifici antichi vengono restaurati, poiché l'antichità viene glorificata a fini propagandistici.

Nel periodo successivo della Seconda Guerra Mondiale, anche Roma fu inizialmente bombardata, ma Papa Pio XII rimase in città e cercò di far dichiarare Roma 'città aperta'. Ciò significava che Roma non si sarebbe difesa e che la città non avrebbe potuto essere (ulteriormente) bombardata o attaccata. Nel 1944, questa proposta fu onorata dalle truppe tedesche e le truppe alleate entrarono a Roma. Infine, nel 1946, il re Umberto II fu l'ultimo re italiano a lasciare Roma e l'Italia tornò ad essere una repubblica.

Come le città tedesche, Roma ha poi vissuto un forte boom economico negli anni del dopoguerra e un enorme aumento della popolazione. A partire dagli anni '60, furono costruiti interi grandi complessi residenziali e poco prima, nel 1955, fu inaugurata la 'Metropolitana di Roma', la prima linea ferroviaria sotterranea di Roma.

Gli anni '70 a Roma, invece, sono stati purtroppo spesso caratterizzati da lotte sociali, occupazioni, scioperi e violenza politica. L'apice fu il rapimento e l'omicidio del Primo Ministro italiano

Aldo Moro da parte dell'organizzazione clandestina delle 'Brigate Rosse'. Solo negli anni '80 la situazione a Roma si è alleggerita di nuovo, poiché alcuni abitanti si sono trasferiti fuori città.

Per trovare edifici più recenti a Roma, deve recarsi nella periferia della città, poiché molte aree del centro sono giustamente classificate. Questo rende spesso difficile costruire nuovi edifici nel centro della città - se lo desidera - in quanto durante gli scavi vengono spesso portati alla luce ulteriori reperti archeologici. Purtroppo, i quartieri e i sobborghi esterni hanno ancora un alto tasso di criminalità e sono anche poco collegati ai trasporti pubblici e quindi al centro città.

Nel centro della città, invece, molti appartamenti sono di proprietà privata e molto ben tenuti. Non ci sono quindi quasi appartamenti in affitto nel centro di Roma.

Tra l'altro, i momenti salienti di Roma in epoca moderna sono tutti riconducibili al pontificato di Papa Giovanni Paolo II. Roma ha accolto circa 2 milioni di visitatori per la Giornata Mondiale della Gioventù nel 2000 e il funerale di Papa Giovanni Paolo II nel 2005 ha visto la partecipazione di 3-4 milioni di ospiti e di 200 capi di Stato e di Governo.

Esplori la Roma di oggi

Ora faccia un piccolo tour alla scoperta della Roma moderna. Poiché il Vaticano è uno Stato indipendente a sé stante, ha anche un proprio ufficio postale e cassette delle lettere.

Probabilmente l'edificio più controverso di Roma, tuttavia, è il 'Monumento Nazionale a Vittorio Emmanuele II'. Nel gergo romano, viene spesso definito la 'macchina da scrivere di Roma', in quanto la forma esterna di questo edificio ricorda talvolta una macchina da scrivere molto sovradimensionata.

Compito 1: Scriva e invii una cartolina dal Vaticano! Allo stesso tempo, scriva e invii una cartolina utilizzando il sistema postale romano e poi veda quale cartolina arriva più velocemente!

Compito 2: Visitare il monumento nazionale 'Monumento Nazionale a Vittorio Emmanuele II', che si trova in Piazza Venezia.

Arrivo e alloggio

Ora che abbiamo terminato la parte storica di questo libro e che ha letto molto su Roma e si è sicuramente affezionato alla città, si starà chiedendo come può arrivare a Roma.

Un proverbio dice letteralmente 'Molte strade portano a Roma' e ciò che nella vita di tutti i giorni significa solo che ci sono molti modi diversi per raggiungere la destinazione, si applica anche nella pratica ai suoi preparativi di viaggio, perché se vuole visitare la Città Eterna, ci sono vari modi per arrivarci.

VIAGGIARE IN TRENO

Se desidera raggiungere Roma in treno, molto dipende dal punto di partenza. Dipende anche dalla sua fermezza nell'acquisto e nella prenotazione dei biglietti.

Se questo non è un problema per lei, può semplicemente ordinare il biglietto del treno online presso le ferrovie, inserendo il punto di partenza e la destinazione desiderata, nonché la data e l'ora di partenza. Dovrebbe poi essere in grado di prenotare il viaggio di ritorno nello stesso modo.

Se, invece, non ha molta confidenza con i sistemi di prenotazione online, è meglio chiedere consiglio al centro viaggi DB locale e acquistare i biglietti in loco.

Pianifichi sempre il tempo necessario per il viaggio, poiché di solito non ci sono collegamenti diretti, quindi potrebbe dover cambiare treno (più volte). Vale sempre la pena di controllare le offerte di risparmio ferroviario e di verificare se può prendere un treno notturno (ad esempio da Monaco di Baviera) - questo spesso fa risparmiare tempo, denaro e nervi!

La stazione ferroviaria principale di Roma si chiama 'Roma Termini' e si trova nel centro della città. Se lo desidera, può noleggiare un'auto direttamente lì. Presso la stazione centrale si trovano anche numerosi servizi utili, come un centro informazioni turistiche, servizi di biglietteria, un ufficio postale e persino un centro medico.

www.romatermini.com
Pro:
- Viaggio rilassato
- Adatto anche alle persone che hanno paura di volare
Contra:
- Troppo dispendioso in termini di tempo per un breve soggiorno a Roma

VIAGGIARE IN AUTO

Se intende recarsi a Roma in auto, è molto flessibile nell'organizzazione complessiva del suo viaggio in qualsiasi momento.

Può partire quando vuole e portare con sé tutti i bagagli che possono entrare nell'auto. Il viaggio è facile da gestire anche con i bambini, in quanto può fare tutte le pause che desidera o di cui ha bisogno.

L'unico fattore da considerare quando si viaggia in Italia in auto è il tempo, quindi a volte può avere senso pianificare una sosta notturna a metà del percorso.

È anche importante sapere che la maggior parte delle autostrade italiane sono soggette a pedaggio. Riceverà i biglietti necessari quando entrerà in una stazione di pedaggio. Può informarsi in anticipo sui biglietti, le tariffe e i sistemi di pagamento presso l'ADAC.

Nel complesso, viaggiare a Roma in auto è relativamente rilassante, ma può diventare un po' più stressante non appena si raggiunge l'area urbana vera e propria di Roma. Qui deve spesso aspettarsi molto traffico, anche se i romani stessi sono guidatori piuttosto pazienti.

Proprio come a casa, è meglio evitare le ore di punta del mattino e del pomeriggio. Intorno a Roma c'è un'autostrada ad anello a tre corsie, il 'Grande Raccordo Anulare' (abbreviato in GRA o A 90). Come l'autostrada per l'aeroporto, questa autostrada è esente da pedaggio e percorre tutto il perimetro di Roma.

Dovrebbe anche tenere presente che ci sono anche molte stradine e vicoli nella stessa Roma, dove il traffico è ancora più intenso. Tuttavia, se non si lascia scoraggiare dalla possibile carenza di parcheggi, potrà godersi un viaggio molto personalizzato nella Città Eterna!

Pro:
- Viaggi personalizzati e flessibili
- Mobilità in ogni momento
Contra:
- Costi del pedaggio
- z. Molto traffico nell'area urbana

VIAGGIARE IN AEREO

Il modo più semplice e veloce per raggiungere Roma è l'aereo.

Roma ha un totale di tre aeroporti. L'aeroporto più grande e più moderno è l'Aeroporto di Roma-Fiumicino, che prende il nome dalla cittadina di Fiumicino, molto vicina. Tuttavia, il nome ufficiale di questo aeroporto è 'Aeroporto di Roma-Fiumicino Leonardo da Vinci'. Si trova a circa 33 km dal centro della città e non è solo l'aeroporto più grande di Roma, ma anche di tutta l'Italia. Pertanto, a volte è frenetico e affollato, il che può rovinare la prima impressione di una vacanza rilassante. Un punto a favore, tuttavia, è che esiste un collegamento ferroviario diretto con il centro città. Dall'aeroporto di Fiumicino, la linea FL 1 la condurrà al centro città o alla stazione ferroviaria principale.

Il secondo aeroporto più grande di Roma è 'Roma-Ciampino', che si chiama ufficialmente 'Aeroporto di Roma-Ciampino Giovan Battista Pastine'. Si trova a circa 15 km dal centro della città. Se si reca a Roma con un cosiddetto 'volo low cost', è molto probabile che atterri qui. Questo aeroporto dispone anche di un collegamento ferroviario con il centro città. È meglio prendere la linea FL 4 per Roma Termini.

Infine, c'è un terzo aeroporto molto piccolo a Roma, chiamato 'Roma-Urbe'. Sebbene si trovi a soli 8 km dal centro della città, non è molto importante per i turisti, in quanto qui decollano e atterrano soprattutto piccoli aerei ed elicotteri per i voli turistici su Roma.

Può raggiungere il centro città anche dagli aeroporti di Fiumicino e Ciampino con bus navetta e taxi.

www.adr.it/fiumicino
www.adr.it/ciampino

Pro:
- grande risparmio di tempo
Contra:
- Non è adatto ai viaggiatori che hanno paura di volare.
- A volte è un po' frenetico negli aeroporti più grandi

VIAGGIARE IN BARCA

Se vuole rendere la sua visita a Roma ancora più avventurosa, può anche raggiungere la città in barca, spesso nell'ambito di una crociera.

Le navi da crociera solitamente attraccano nel porto di Civitavecchia. Da qui, Roma dista circa 80 chilometri!

A Civitavecchia, ha poi diverse opzioni per raggiungere Roma: Ad esempio, c'è la possibilità di prenotare un'escursione a Roma con uno dei tanti fornitori direttamente al molo, se non è già inclusa nell'itinerario della crociera.

Tuttavia, è molto più economico scoprire la città da soli e raggiungere Roma in treno. I treni regionali partono dalla stazione di Civitavecchia per Roma ogni mezz'ora circa e impiegano circa 45 minuti per raggiungere la stazione centrale di Roma Termini.

Tuttavia, questa opzione potrebbe essere ancora più interessante se si limitasse a viaggiare fino a Roma San Pietro (circa 30 minuti) e poi raggiungere il Vaticano e visitarlo da lì.

Può trovare altre informazioni interessanti per le gite di un giorno a Roma su: www.meine-landausfluege.de

Pro:
- Una gita di un giorno organizzata all-inclusive è particolarmente adatta a una prima visita per conoscere Roma.
Contra:
- Con le crociere, di solito ha poco spazio di manovra nell'itinerario.

In questa sezione troverà tre suggerimenti su come soggiornare a Roma durante la sua vacanza.

Va notato che Roma è molto ospitale e ha almeno tanti alberghi quante sono le chiese.

Inoltre, la scelta dell'alloggio è sempre molto soggettiva, in quanto ogni viaggiatore ha le proprie idee ed esigenze riguardo all'alloggio, quindi è quasi impossibile accontentare tutti.

La mia selezione all'interno di Roma si è quindi basata sui criteri di accessibilità, semplicità e vicinanza al centro città.

Tuttavia, se queste proposte di hotel non sono di suo gradimento, può facilmente trovare molte altre alternative in città.

Allora, iniziamo con la prima proposta.

<u>Casa per Ferie Santa Maria alle Fornaci:</u>
Questa speciale guest house si trova in una posizione molto centrale a Roma, non lontano dalla Basilica di San Pietro, ed era originariamente un monastero con una chiesa annessa.

È stato ampiamente rinnovato negli ultimi anni e ora offre piccole ma accoglienti camere singole e doppie, ognuna con il proprio bagno. La W-LAN e una ricca colazione a buffet completano egregiamente il servizio di base di questo hotel. La reception è presidiata 24 ore su 24 e ci si sente sicuri e in buone mani in ogni momento. Grazie alla sua vicinanza al centro, si trova in una posizione ideale per esplorare Roma a piedi.

Altri servizi includono una navetta aeroportuale, un deposito bagagli e l'accessibilità. www.santamariafornaci.com

L'Ostello Alveare Roma:
Questa pensione è stata fondata nel 1999 e si trova in una posizione centrale, molto vicina alla stazione ferroviaria principale di Roma.

Offre una serie di opzioni di alloggio, dalle camere condivise con bagno in comune alle camere singole e doppie con bagno privato.

L'atmosfera generale è molto informale e caratterizzata dalla socievolezza. Per gli ospiti è disponibile anche un catering vegetariano.

Ci sono anche regolari serate di cucina in comune e tour della città, quindi non sarà mai solo a lungo, ma potrà comunque trovare molta pace e tranquillità.

www.the-beehive.com

Ostello Trustever:

Questo ostello si trova nel quartiere alla moda di Trastevere e dispone di varie opzioni di alloggio, tra cui camere doppie, triple e a più letti. Tutte le camere sono dotate di bagno privato e Wi-Fi.

L'ostello si rivolge principalmente ai turisti più giovani (zaino in spalla). Dispone di una lavanderia propria e di armadietti per i bagagli con serratura ed è aperto 24 ore al giorno.

Il catering può essere prenotato individualmente.

www.hosteltrustever.com

Luoghi importanti di Roma

In questo capitolo, vorrei approfondire con lei alcuni dei luoghi più importanti di Roma. In una città grande come Roma, non riuscirà mai a vedere tutto in una sola visita, ma c'è sempre qualcosa di nuovo da scoprire nella sua prossima visita.

Questa preselezione dovrebbe servire come guida introduttiva, soprattutto per la sua prima visita alla Città Eterna.

Foro Romano

Il Foro Romano fu costruito tra il V e il VII secolo d.C. e fu continuamente ampliato. Visse il suo periodo di massimo splendore durante l'epoca imperiale e fu considerato il centro di potere culturale, economico, religioso e politico dell'antica Roma.

Oggi il Foro Romano è uno dei siti archeologici più importanti della città e permette di ammirare i resti dell'arco di trionfo dell'imperatore Settimio Severo, il Tempio di Saturno, la Curia, la Basilica dell'imperatore Costantino e il Tempio di Vesta.

Dal Campidoglio può ottenere una panoramica particolarmente buona e completa del Foro Romano.

Palatino

Il Palatino è uno dei famosi sette colli di Roma. È la parte abitata più antica della città ed è associata a una lunga storia. Il Palatino è addirittura considerato il luogo in cui Romolo fondò Roma. In seguito, l'alta borghesia romana visse qui e molti imperatori vi risiedettero.

Oggi si trovano ancora i resti degli antichi templi dedicati a Magna Marta, Vittoria e Apollo sul Palatino. È inoltre ancora visibile il complesso del palazzo di Domiziano.

Per avere un'idea ancora più precisa della vita di quei tempi, è consigliabile una visita al Museo Palatino.

Colosseo

Il Colosseo è il più grande anfiteatro dell'antica Roma, poteva ospitare fino a 50.000 persone e fu teatro di innumerevoli e raccapriccianti combattimenti tra gladiatori. Fu costruito dal 72 al 79 d.C. circa, per ordine dell'imperatore Vespasiano. Si dice che la cerimonia di inaugurazione sia durata 100 giorni.

I cittadini liberi di Roma avevano accesso gratuito al Colosseo e i giochi facevano parte della campagna politica 'pane e circo' (lat. 'panem et circenses'), che serviva a mantenere i Romani calmi e contenti.

Quando il Cristianesimo divenne la religione ufficiale dell'Impero Romano nel 313 d.C., l'imperatore Costantino vietò i combattimenti, ma questi continuarono a svolgersi fino a quando, nel 523 d.C., si svolsero gli ultimi combattimenti di gladiatori. Dopo di allora, il Colosseo fu utilizzato come fortezza e persino come cava!

Oggi è il simbolo di Roma ed è riconosciuto come un capolavoro dell'architettura antica.

Via Appia

La Via Appia era la più famosa e importante via commerciale e di lunga percorrenza dell'antica Roma e si estendeva per oltre 540 chilometri fino a Brindisi. La sua costruzione iniziò nel 312 d.C. sotto Appio Claudio Cesare.
La strada era fiancheggiata da ville, tombe e catacombe, le cui rovine rimangono ancora oggi.

La parte storica di questa strada è quindi conosciuta come 'Via Appia Antica'. Il tratto rimanente è in parte nascosto sotto un manto stradale moderno ed è conosciuto come 'Via Appia Nuova' o 'Strada Statale 7 (SS7)'.

È meglio visitare la Via Appia la domenica, quando è chiusa alle auto ed è ideale per tour di scoperta rilassati.

Ostia Antica

Ostia Antica è il nome dato alla città portuale originaria dell'antica Roma, situata a circa 23 chilometri dall'attuale centro città, alla foce del Tevere.

Ostia Antica fu fondata nel IV secolo a.C. come colonia romana e inizialmente era principalmente un campo militare per la protezione di Roma, che poi si sviluppò rapidamente in una città portuale. La merce più importante all'epoca era il grano, che veniva portato a Roma dall'Africa per nutrire i cittadini romani.

Nello stesso momento in cui l'antica città di Roma cadde, anche Ostia Antica perse la sua importanza, poiché la città portuale non era più necessaria a causa della costante diminuzione della popolazione di Roma.

Oggi, tuttavia, Ostia Antica è anche uno dei siti archeologici più importanti dell'antica Roma. Vi si trova un museo e si possono ammirare i resti dei teatri, delle terme, del foro, delle latrine e delle botteghe, oltre a molte tombe.

Forum Imperiale

I Fori Imperiali sono un'estensione del Foro Romano, che era diventato rapidamente troppo piccolo durante il periodo di massimo splendore dell'Antica Roma e non soddisfaceva più le esigenze di molti imperatori.

Al Foro Romano furono quindi aggiunti altri quattro fori imperiali. Questi sono il Forum Iulium, noto anche come Foro di Cesare, il Foro di Augusto, il Transitorium, noto anche come Foro di Nerva, e il Foro di Traiano.

Il Forum Iulium fu il primo dei quattro ampliamenti e fu commissionato da Gaio Iulius Caesar nel 54 a.C.. Con la sua forma rettangolare, assomigliava alle piazze pubbliche della Grecia e aveva il Tempio di Venere Genitrice su un lato stretto.

Il Foro di Augusto fu costruito circa 50 anni dopo ed era simile nella struttura al Foro di Cesare. Tuttavia, il tempio di Marte Ultore costituiva il centro di questo luogo, il che indicava anche l'importanza di questo foro: tutto ciò che aveva a che fare con la guerra e la vittoria veniva deciso qui!

Nel 71-75 d.C., l'imperatore Vespasiano fece costruire un tempio della pace sul sito, il 'Templum Pacis', per celebrare la fine delle guerre civili e la pace. Era molto simile agli altri fori, tanto che a volte veniva indicato come un ulteriore 'Forum Pacis'.

Infine, l'imperatore Domiziano fece costruire un altro foro, il Foro di Nerva, nello spazio aperto tra il tempio e il Foro di Augusto. Poiché non fu completato durante la sua vita, prese il nome dal suo successore, l'imperatore Nerva, nel 97 d.C., e poiché riuniva gli edifici precedenti in un'unica unità, fu presto chiamato 'Transitorium'.

Il Foro di Traiano fu poi costruito come ultimo foro imperiale dal 107 al 112 d.C.. È considerato il foro più magnifico e più grande ed era anche ornato dalla Colonna di Traiano al centro. Anche la Basilica Ulpia si trovava nella parte posteriore della piazza.

Molti dei fori sono oggi solo parzialmente visibili, in quanto Mussolini fece costruire quest'area con la Via dei Fiori Imperiali senza averla prima esaminata archeologicamente.

Circo Massimo

Il Circo Massimo era la più grande arena nel periodo di massimo splendore dell'antica Roma e fu sede di corse di carri (lat. 'ludi circenses') fino al VI secolo d.C..

In alcuni momenti, le tribune potevano ospitare da 150.000 a 250.000 persone e la lunghezza totale era di 600 metri. Inizialmente era una costruzione in legno e solo nel 46 a.C. Gaio Tulio Cesare fece installare delle panche di marmo per i suoi giochi trionfali.

Di norma, durante una gara si dovevano percorrere 7 giri e nel periodo di massimo splendore dell'impero si tenevano da 12 a 24 gare al giorno. Si trattava di eventi pubblici che di solito si svolgevano nell'ambito di celebrazioni ed erano finanziati dallo Stato.

Proprio come il Colosseo, il Circo Massimo ospitava anche combattimenti di gladiatori e cacce agli animali, e anche le competizioni sportive basate sul modello greco erano parte integrante del programma.

Dopo la caduta dell'Antica Roma, anche il Circo Massimo cadde in rovina e l'area fu utilizzata per vari scopi. Alcune parti delle panchine furono persino utilizzate per la costruzione della Basilica di San Pietro.

A partire dal 1936 sono stati effettuati degli scavi sul sito, che oggi viene utilizzato principalmente per grandi eventi come i concerti. Dal 2016, è stata allestita una piccola mostra con informazioni sul Circo Massimo.

Terme di Caracalla
Anche le Terme di Caracalla risalgono all'antichità e sono una delle più grandi terme di Roma. La costruzione fu commissionata dall'imperatore Settimio Severo nel 206 e le terme furono completate nel 216, durante il regno dell'imperatore Caracalla.

Si trattava di strutture balneari pubbliche e senza ingresso, destinate ad aumentare la popolarità dell'imperatore tra la gente comune.

Si dice che le terme siano state in funzione fino al V secolo, quando Teodorico il Grande governava Roma. In seguito, furono parzialmente distrutte durante gli assedi di Roma o furono esposte alle forze della natura. In seguito, furono utilizzate anche come cave o per decorare altri edifici.

Oggi, le terme possono essere visitate dai visitatori con occhiali VR, in modo da poter vedere esattamente come appariva tutto all'epoca. Per il resto, le terme sono utilizzate principalmente per le rappresentazioni liriche.

NELLA ROMA CRISTIANA

Basilica di San Pietro

La Basilica di San Pietro (it. 'San Pietro in Vaticano') è una delle chiese più grandi e certamente una delle più importanti al mondo per la cristianità. È una delle sette chiese di pellegrinaggio di Roma ed è la più grande basilica papale. La Basilica di San Pietro può ospitare un totale di 20.000 persone.

La chiesa fu originariamente commissionata da Costantino il Grande intorno al 324 d.C., affinché venisse costruito un luogo di culto sul presunto luogo di sepoltura di San Pietro Apostolo. La Basilica di San Pietro nella sua forma attuale fu costruita a partire dal 1506 e completata nel 1626.

Costituisce il fulcro del Vaticano ed è una tappa obbligata della visita a Roma!

Castel Sant'Angelo

Castel Santangelo è un luogo ricco di storia almeno quanto la Basilica di San Pietro. Fu costruito originariamente come mausoleo per l'imperatore romano Adriano e i suoi successori, ma fu presto trasformato in una fortezza dai papi e utilizzato in questa funzione fino al 1901 come luogo di rifugio per i papi in caso di pericolo imminente a Roma. A volte, Castel Sant'Angelo fungeva anche da prigione per i papi.

Castel Sant'Angelo ricevette il suo nome nel 590, perché a quel tempo la peste imperversava a Roma e si dice che Papa Gregorio I (Gregorio Magno) abbia visto l'arcangelo Michele sopra il castello, che profetizzò la fine della peste, che si verificò poco dopo. Per questo motivo, ancora oggi c'è un angelo in cima al castello.

Dal 1906, Castel Sant'Angelo è un museo che può visitare e che le permette di conoscere questa parte della storia di Roma. Dalla piattaforma di Castel Sant'Angelo si gode anche di una vista spettacolare sulla Città Eterna.

Pantheon

Il Pantheon è un altro edificio romano dell'antichità. La costruzione del Pantheon iniziò sotto l'imperatore Traiano nel 114 d.C. e fu completata durante il regno dell'imperatore Adriano, tra il 125 e il 128 d.C.. All'epoca, si trattava di un santuario in cui venivano erette statue di varie divinità e che era dedicato a tutti gli dei.

Nel 609 d.C., il Pantheon fu finalmente convertito in una chiesa cristiana e oggi è una chiesa cattolica romana con il nome ufficiale di 'Santa Maria ad Martyres'. A causa di una precedente variante del nome comune come 'Sancta Maria Rotonda' e della forma rotonda dell'edificio, l'edificio di Roma è oggi popolarmente conosciuto come 'La Rotonda'.

Per molto tempo, il Pantheon come edificio ha avuto anche la cupola più grande del mondo ed è ancora uno degli edifici meglio conservati dell'antichità. C'è un'apertura rotonda nella cupola del Pantheon, che ha un diametro di 9 metri, eppure scoprirà che non è mai bagnato all'interno, anche quando piove, perché il pavimento è inclinato verso il centro ed è dotato di drenaggi.

Questo capolavoro di architettura da solo dovrebbe spingerla a programmare una visita al Pantheon come parte del suo soggiorno a Roma.

Il Pantheon è anche il luogo di sepoltura di molti artisti famosi, come il pittore Raffaello.

Musei Vaticani

Nei Musei Vaticani, gli amanti dell'arte possono scoprire veri e propri tesori dall'antichità al Medioevo, al Rinascimento e molto altro ancora. Si tratta di una fusione di diversi musei, tutti situati in diverse parti del Palazzo Vaticano. Si dice che il fondatore di questa collezione sia stato Papa Giulio II, che iniziò ad acquisire varie sculture a partire dal 1506 circa.

Negli anni successivi, il palazzo papale fu continuamente ampliato, tanto che oggi comprende circa 1.400 stanze su una superficie di 55.000 metri quadrati; la maggior parte di questo complesso è aperta al pubblico e solo una piccola parte è riservata al Papa e al suo entourage. La parte più famosa di questi musei è la Cappella Sistina.

Cappella Sistina

La Cappella Sistina (it. 'Capella Sistina') fa parte del palazzo papale. Fu costruita tra il 1475 e il 1483 per conto del suo omonimo Papa Sisto IV e ospita molti dipinti famosi, tra cui opere di Botticelli e Michelangelo.

I dipinti del soffitto di Michelangelo sono particolarmente famosi, in quanto raffigurano scene della Genesi e la sezione intitolata 'La creazione di Adamo' è certamente l'opera più copiata di questo periodo ed è famosa in tutto il mondo.

Il conclave si svolge nella Cappella Sistina ogni volta che deve essere eletto un nuovo Papa. Tuttavia, i visitatori possono accedere alla Cappella Sistina solo attraverso i Musei Vaticani.
I dipendenti del Vaticano, invece, possono far battezzare i loro figli nella Cappella Sistina, il che è certamente una caratteristica speciale.

Fontana di Trevi

La Fontana di Trevi (it. 'Fontana di Trevi') è l'attrazione della folla della Città Eterna e una delle attrazioni più importanti quando visita Roma.

Originariamente, in questo punto terminava un acquedotto dell'antica Roma, che assicurava l'approvvigionamento idrico per le terme di questa parte della città attraverso tre sorgenti. Inoltre, tre strade (it. 'tre vie') si incontrano in questa piazza, per cui questi due approcci potrebbero essere responsabili del nome della fontana.

Nella sua forma attuale, la Fontana di Trevi fu commissionata da Papa Clemente XII e progettata dall'architetto Nicola Salvi intorno al 1732 e infine completata da Giuseppe Pannini nel 1762. Il fulcro della fontana è una rappresentazione del dio Oceano. La Fontana di Trevi è la fontana più grande di Roma!

Per molti anni, si è anche diffusa la leggenda secondo cui bisogna gettare una moneta nella fontana se si vuole tornare a Roma sani e salvi. In questo modo, ogni anno vengono raccolte enormi somme di denaro, che la città di Roma dona a organizzazioni caritatevoli come la Caritas.

Passi di Spagna

La Scalinata di Trinità dei Monti è il collegamento tra Piazza di Spagna e la chiesa francese 'Santa Trinità dei Monti'. Le è stato dato il nome tedesco 'Spanische Treppe' perché si trova in Piazza di Spagna, dove si trova anche l'ambasciata spagnola.

Fu costruita a partire dal 1723 su richiesta di Papa Innocenzo XIII e del re francese Luigi XII, che desiderava una salita dignitosa alla chiesa che stava finanziando. La competizione tra gli interessi reali e papali si riflette anche nel design della scalinata, che si riconosce nei simboli dei gigli (per il re) e delle aquile (per il papa). L'architetto principale della sua costruzione fu Francesco De Sanctis. La scala ha un totale di 138 gradini.

Oggi, Piazza di Spagna è un motivo fotografico molto popolare per i turisti e un luogo di incontro molto frequentato, e anche l'industria della moda utilizza spesso questo sfondo per organizzare sfilate di moda a Piazza di Spagna. Ciò è dovuto principalmente al fatto che la scalinata non è lontana da Via Condotti, il miglio della moda di Roma.

Piazza Navona

Se cerca una piazza vivace a Roma a qualsiasi ora del giorno, la troverà in Piazza Navona. Piazza Navona simboleggia una tipica piazza barocca della Città Eterna ed è abbellita da tre fontane.

In origine, in questo sito si trovava uno stadio per le competizioni sportive sul modello greco, il che spiega la forma ovale allungata della piazza. Durante il periodo barocco, la piazza fu completamente ridisegnata nello stile degli antichi fori imperiali. Ne risultarono le tre fontane che esistono ancora oggi nella piazza: la Fontana dei Mori (it. 'Fontana del Moro') a sud, la Fontana del Nettuno (it. 'Fontana del Nettuno') a nord e la Fontana dei Quattro Fiumi (it. 'Fontana dei Quattro Fiumi') al centro.

Tutte e tre le fontane sono state create o ridisegnate dal famoso scultore e architetto Bernini. Il fulcro della piazza è la Fontana dei Quattro Fiumi, che fu creata intorno al 1650 e le cui impressionanti quattro sculture rappresentano i fiumi più importanti del mondo all'epoca. Il Danubio rappresenta l'Europa, il Gange simboleggia l'Asia, il Nilo incarna l'Africa e il Rio della Plata è il simbolo dell'America.

Un'altra attrazione di Piazza Navona è la Chiesa di Sant'Agnese, anch'essa costruita da Borromini intorno al 1650.

Oggi, Piazza Navona è circondata da numerosi caffè ed è caratterizzata da artisti di strada e da molti venditori ambulanti, rendendo la piazza una vera e propria attrazione per i turisti.

Trastevere

Il quartiere di Trastevere (latino 'trans Tiberim' = 'al di là del Tevere'), che si trova sull'altra sponda del Tevere, emana un fascino molto speciale per i turisti e gli abitanti del luogo.

Un tempo era il quartiere degli operai, degli immigrati e di altri gruppi emarginati, prima che si sviluppasse sempre più per il turismo. Trastevere ospita una delle più antiche chiese cristiane di Roma, la chiesa di Santa Maria in Trastevere.

Oggi si ha la sensazione che Trastevere sia ancora un villaggio nella città, e l'immagine del quartiere è caratterizzata da molta cultura e gastronomia che invita a soffermarsi e a godere.

SUGGERIMENTI UTILI

In questo capitolo, troverà due ulteriori suggerimenti che dovrebbero permetterle di approfondire la storia di Roma. Ma prima di arrivare a questo punto, vorrei anche darle due consigli generali che possono essere utili per tutte le visite e le attività che svolgerà nella Città Eterna.

Suggerimento 1: Servizi igienici pubblici Con così tante visite turistiche, è inevitabile che ad un certo punto abbia bisogno di una toilette pubblica. Senza una conoscenza locale, a volte può essere difficile trovarne una subito. Pertanto, utilizzi il sito web https://pee.place.de per visualizzare i bagni pubblici - funziona anche per Roma!

Suggerimento 2: Borseggiatori Spesso si legge che a Roma ci sono molti borseggiatori. Tuttavia, questo non significa che ogni turista in città venga scippato o derubato. Tuttavia, tenga sempre d'occhio i bagagli e le borse!

Durante le visite turistiche, è consigliabile avere una borsa o uno zaino che si chiuda bene. Può anche portarli bene e chiaramente davanti al suo corpo nelle grandi folle!
Anche le sacche per il petto hanno sempre dimostrato il loro valore per gli oggetti di valore!

Torniamo ora alle proposte già citate.

Domus Aurea

Dopo l'incendio di Roma nel 64 d.C., l'imperatore Nerone fece costruire una sorta di casa di transizione sul sito del precedente palazzo - la 'Domus Transitoria' - un nuovo palazzo chiamato 'Domus Aurea' (latino = Casa d'Oro). Questo edificio era più una tenuta che un palazzo, aveva più di 300 stanze e la superficie totale era di circa 80 ettari. Il suo nome deriva dal fatto che tutti i soffitti e le pareti erano dipinti all'interno e ricoperti di marmo, avorio, pietre semi-preziose e persino oro. Questo lo rendeva l'edificio più stravagante della storia di Roma.

Oggi, dopo molti anni di lunghi lavori di restauro, la Domus Aurea è di nuovo aperta ai turisti e può essere visitata solo prenotando una visita guidata. La particolarità è che le visite guidate sono condotte utilizzando la realtà virtuale, in modo da avere l'opportunità di esplorare il palazzo di Nerone in tutto il suo splendore e immergersi completamente in questo periodo emozionante!

Cripta dei Cappuccini
Può sperimentare un'altra visita turistica emozionante, ma anche un po' bizzarra, in un'altra chiesa di Roma. I Cappuccini sono un ramo dei monaci francescani e devono il loro nome al fatto che indossano sempre un abito con un cappuccio che copre la testa.

La chiesa 'Santa Maria Immacolata a Via Veneto' o 'Nostra Signora della Concezione dei Cappuccini' (= Nostra Signora della Concezione dei Cappuccini) fu costruita tra il 1626 e il 1631 per ordine del Cardinale Antonio Barberini, fratello di Papa Urbano VIII.

Nella cripta di questa chiesa, il Cardinale Barberini fece poi creare un ossario con i resti di migliaia di frati defunti, riorganizzandoli abilmente in decorazioni murali e raffigurazioni bibliche. In totale, i resti di circa 3600 frati che furono sepolti tra il 1500 e il 1870 riposano qui in questo modo.

Oggi può visitare il museo, che ospita anche una raffigurazione di San Francesco di Caravaggio e un dipinto di Guido Reni raffigurante San Michele Arcangelo, e poi esplorare la cripta, composta da diverse stanze.

Se non si lascia scoraggiare dal messaggio (latino) 'Quod fuimus, estis, quod sumus, eritis', che potrebbe essere tradotto come 'Noi eravamo ciò che tu sei, e ciò che noi siamo, tu sarai', può visitare il museo tutti i giorni dalle 9 alle 19. www.capucciniviaveneto.it

Cibo e bevande

Dopo tante informazioni e impressioni, non inizia ad avere fame? Allora andiamo a mangiare un boccone!

VALE LA PENA DI SAPERE

I ristoranti italiani sono molto diversi da quelli tedeschi. La prima cosa che noterà quando arriva a Roma è che di solito un cameriere è già in piedi fuori dalla porta. Il suo compito è quello di avvicinare le persone per strada e conquistarle come ospiti - a volte in modo molto insistente!

Inoltre, molto spesso un cameriere le indi-
cherà un posto libero nel ristorante, per cui rara-
mente potrà scegliere un posto da solo. Nella maggior parte dei casi, mangiare al ristorante è anche
associato ad un certo prezzo per il posto a sedere.

Lo noterà in modo particolarmente evidente
se vuole prendere un caffè. Se lo beve in un ristorante, sarà più costoso che se lo beve direttamente
al bar.

<u>Suggerimento 1:</u> beva sempre il caffè al bar! (it. 'al banco')

Molti dei ristoranti di Roma hanno un menu in italiano e in inglese. Se c'è solo un menu italiano, si
lasci sorprendere: troverà sicuramente qualcosa di
delizioso!

<u>Suggerimento 2</u>: si assicuri di provare una classica
specialità romana: i carciofi alla romana (it. 'Carciofi alla Romana').

Attenzione! A Roma, ci sono molti venditori ambulanti che fingono di volerle regalare qualcosa
(ad esempio un braccialetto fatto a mano). La

preghiamo di non cedere, perché i venditori di solito si aspettano che lei offra loro un caffè o qualcosa di simile!

E conosce la differenza tra la pizza napoletana e quella romana? La pizza napoletana ha una base molto sottile e la classica forma rotonda. Se ordina una pizza romana, invece, spesso riceve una pizza rettangolare con una base molto più spessa. Lo provi lei stesso!

I 3 MIGLIORI RISTORANTI DI ROMA

Vorrei ora suggerirle tre ristoranti in cui troverà molto di ciò che rende Roma speciale. Naturalmente, ci sono anche numerosi altri locali, quindi la città ha qualcosa per tutti i gusti.

1. alterNATIVO drink&food: Questo piccolo bistrot si trova in Piazza di Santa Maria alle Fornaci 21-22 e la invita a trascorrere serate accoglienti con buon vino e tanti deliziosi spuntini. È ideale per chi ama cenare in un ambiente un po' alternativo e in un'atmosfera tranquilla ma moderna.

2. <u>Hostaria I Quattro Mori:</u> questo ristorante si trova in Via di Santa Maria alle Fornaci 8 ed è il ritrovo preferito di alcuni ecclesiastici e persino del Papa! Qui troverà molti deliziosi piatti mediterranei e una vasta gamma di piatti a base di pesce e carne, che potrà gustare in un'atmosfera amichevole e rilassata.

3. <u>La Fraschetta: Se desidera gustare</u> un pasto italiano davvero classico nella tipica atmosfera di un ristorante italiano, allora La Fraschetta in Via di San Francesco a Ripa 134 nel quartiere Trastevere è il posto che fa per lei. Qui può trovare di tutto, dalla pasta alla pizza, che è un must quando visita Roma!

ALTERNATIVE

Tuttavia, se non ha molto tempo per mangiare o se desidera semplicemente uno spuntino tra un pasto e l'altro per poter vedere meglio la città, c'è anche l'alternativa perfetta. Ci sono molti food truck a Roma che offrono deliziosi panini caldi o freddi, veloci e a prezzi ragionevoli.

Questa opzione è anche molto adatta se le viene fame durante un tour della città o se viaggia in gruppo e ha solo brevi pause tra i punti del programma.

Shopping a Roma

Moda, shopping, tanti souvenir e molti altri souvenir dal Vaticano - Roma è nota anche per questo e non sarà mai in imbarazzo nel non sapere cosa portare con sé da questa vacanza, perché ancora una volta la scelta è enorme! Quindi si assicuri di pianificare il tempo necessario per curiosare tra i numerosi negozi e le numerose botteghe!

MODA

Gli appassionati di moda troveranno un piccolo paradiso a Roma. Per mostrarle i luoghi migliori in cui fare shopping, vorrei presentarle di seguito 3 diverse aree della Città Eterna, in modo che abbia una panoramica migliore e possa procedere in base alle sue preferenze di shopping.

Come ricorderà, ho già parlato di Via Condotti nell'introduzione di questo libro. Questo è il posto giusto se è alla ricerca dei grandi marchi e stilisti della moda italiana, in quanto questa strada è fiancheggiata da una boutique dopo l'altra e può acquistare moda firmata da Giorgio Armani, Versace, Gucci, Dolce e Gabbana, Bulgari o Valentino. Ma anche se non vuole acquistare nulla, vale la pena semplicemente passeggiare per la strada e ammirare le vetrine dei negozi. Non per niente i romani stessi chiamano questa strada 'Chic & Shock Street', in quanto ogni donna ha la garanzia di potersi vestire in modo elegante e chic qui, ma l'uomo subirà un piccolo shock al momento del pagamento! ☺
Via Condotti si trova quindi nel quartiere noto come 'Tridente' ed è composta da tre strade

(principali) convergenti, ossia Via di Ripetta, Via del Corso e Via del Babuino. In tutte queste strade può fare shopping a volontà e qui si trova anche Piazza di Spagna con la Scalinata di Trinità dei Monti. Molti atelier e gioiellerie si sono installati in questa piazza e molti dei negozi sono dedicati esclusivamente all'Alta Moda.

Se invece preferisce le catene di shopping moderne e conosciute come H&M, Zara o Benetton, le troverà nella parte bassa di Via del Corso, in direzione di Piazza Venezia. C'è anche la grande galleria commerciale 'Galleria Alberto Sordi', dove potrà scoprire marchi come Bershka o Calvin Klein. Vale la pena visitare anche la galleria, che non è stata modificata dal 1922.

Tuttavia, se non è interessato a vestiti moderni o nuovi, ma è alla ricerca di negozi di seconda mano, potrebbe essere particolarmente interessato al quartiere 'Monti'. Qui troverà soprattutto piccoli negozi vintage e di design e negozi di antiquariato nei numerosi vicoli. Le vie Via del Governo vecchio e Via del Boschetto sono particolarmente degne di nota. Qui ci sono anche molti mercati delle pulci nei fine settimana.

Consiglio extra: a Roma - come spesso accade in tutta Italia - può acquistare scarpe in vera pelle di ottima fattura e molto eleganti a prezzi molto vantaggiosi, un'opportunità da non perdere!

La maggior parte dei negozi di Roma apre intorno alle 10.00 e chiude tra le 20.00 e le 21.00. I negozi più piccoli possono fare una pausa pranzo (siesta).

SOUVENIR E POSTA

Se desidera acquistare dei souvenir a Roma, non deve cercare lontano. Ci sono numerosi negozi di souvenir nel centro della città e molte opportunità per acquistare il perfetto souvenir della vacanza. Tuttavia, se desidera inviare cartoline da Roma, ha diverse opzioni. Innanzitutto, può inviare cartoline dal Vaticano a Roma. Le poste vaticane sono considerate particolarmente veloci e affidabili. Tuttavia, è importante notare che il servizio postale del Vaticano è un sistema separato e dispone di proprie cassette delle lettere e uffici postali direttamente in Piazza San Pietro.

In alternativa, può anche inviare la sua posta tramite il normale sistema postale italiano. In questo caso, però, dovrebbe scegliere la 'Posta Prioritaria' per accelerare la spedizione. Per inciso, le cassette delle lettere a Roma sono generalmente rosse per la posta nazionale e blu per quella internazionale. Può acquistare i francobolli direttamente presso l'ufficio postale o in una delle tante tabaccherie (it. 'Tabacchi').

<u>Attenzione</u>! Da qualche anno sono disponibili a Roma i cosiddetti francobolli GPS. Se affranca le sue cartoline con questi timbri, si suppone che sia in grado di tracciare il percorso postale delle sue cartoline. Queste cartoline possono quindi essere imbucate solo in speciali caselle postali gialle.
Il fatto è che le Poste Italiane non accettano effettivamente la posta GPS e che si tratta piuttosto di un modello di business dubbio e troppo costoso!

OGGETTI DEVOZIONALI

Se intende portare con sé dei souvenir religiosi da Roma, è meglio acquistarli direttamente in Vaticano. Ad esempio, ci sono dei piccoli negozi annessi alla Basilica di San Pietro.

Se invece desidera una selezione un po' più ampia, le consigliamo il negozio 'Mondo Cattolico', proprio al confine con il Vaticano. Qui troverà un assortimento ben fornito di rosari, mosaici, statue, croci, medaglie e altri fantastici articoli devozionali e potrà anche acquistare l'ambita acqua santa.

www.mondocattolico.it

CIBO

A Roma è molto facile fare scorta di cibo per le sue necessità quotidiane. Ci sono molti chioschi che vendono bevande e una piccola gamma di alimenti. Inoltre, in città è presente anche la catena di supermercati 'Carrefour'. In questi negozi troverà anche molti articoli che le sono familiari da casa.

Ha anche l'opportunità unica di acquistare frutta e verdura fresca nei mercati settimanali. Un mercato particolarmente bello si svolge ogni mattina (tranne la domenica) a Campo de Fiori.

ATTENZIONE: La preghiamo di non acquistare bottiglie d'acqua potabile dagli innumerevoli venditori ambulanti di Roma. Queste bottiglie sono spesso già riempite con acqua contaminata, motivo per cui i romani chiamano questa acqua 'acqua di topo'!

Tuttavia, ci sono molte fontanelle a Roma dove può ricaricare le sue bottiglie in tutta sicurezza e che sono state progettate appositamente per questo scopo.

Conversazione

Anche se si reca a Roma per la prima volta e non parla italiano, non deve preoccuparsi della comunicazione.

A Roma si può imparare molto da altre lingue (l'italiano, ad esempio, è ancora molto simile al latino). Inoltre, molti giovani a Roma parlano anche inglese. La città è anche sempre preparata per i suoi numerosi visitatori, tanto che almeno in molte attrazioni turistiche la segnaletica è multilingue. A parte questo, ci sono sempre modi e mezzi per comunicare.

Tuttavia, è sempre bello conoscere almeno alcune frasi e frasi importanti nella lingua locale - a volte questo si rivela un salvavita!

In generale, agli italiani piace anche quando ci si sforza di parlare italiano.

SALUTO

Ciao / Bye! = Ciao!

Buongiorno! = Buon giorno!

Buona sera! = Buona Sera!

Buona notte! = Buona Notte!

Arrivederci! = Arrivederci!

ALTRE FRASI IMPORTANTI

Il mio nome è ... = Mi chiamo ...

Sono tedesco/ Sono tedesco = Sono tedesco/ Sono tedesco

Quanto costa? = Quanto costa?

Dov'è la stazione ferroviaria? = Dov'è la stazione?

Dov'è l'ufficio postale? = Dov'è l'ufficio postale?

Dov'è l'aeroporto? = Dov'è l'aeroporto?

Ho bisogno di un dottore = Ho bisogno di un dottore

Parole conclusive

Questo libro sta lentamente volgendo al termine. Spero che leggendolo abbia potuto ottenere molti consigli utili e informativi e che sia rimasto entusiasta di Roma.

Nel primo capitolo, le ho chiesto, caro lettore, cosa associa alla Città Eterna e cosa rende Roma speciale per lei. Forse inizialmente è stato particolarmente colpito o attratto da un solo aspetto di questa città. Forse conosceva già un po' Roma grazie alle storie raccontate da altri viaggiatori. Ma anche se la città era completamente sconosciuta e nuova per lei, spero che tutti voi direte dopo il vostro soggiorno: 'Roma. Questa è la città che vale sempre la pena visitare!

Nel migliore dei casi, anche gli appassionati di storia tra di voi diventeranno entusiasti conoscitori d'arte e, a loro volta, scopriranno tesori moderni durante un viaggio di shopping a Roma. Quanto sarebbe bello se avesse iniziato il suo viaggio a Roma con una motivazione spirituale e poi avesse conservato anche molte esperienze secolari del suo viaggio, o se a un certo punto si fosse arenato a Roma in modo del tutto imparziale e piuttosto casuale e poi si fosse innamorato perdutamente della città?

Una cosa sarebbe certa: questo amore durerebbe per sempre! Ma sono anche sicura che vedrete e sperimenterete così tanto in questa bellissima città che potreste scriverci sopra interi libri.

Quindi, qualunque cosa la porti a Roma un giorno, spero vivamente che il suo viaggio sia un'esperienza indimenticabile che ricorderà con affetto per molto tempo a venire e che potrà dire a se stesso alla fine:

Ti amo, Roma!